POURQUOI

LES POLONAIS

SYMPATHISENT

AVEC LA FRANCE

PAR

UN LITHUANIEN

PARIS

IMPRIMERIE DE E. MARTINET

RUE MIGNON, 2

1863

POURQUOI

LES POLONAIS

SYMPATHISENT

AVEC LA FRANCE

PAR

UN LITHUANIEN

PARIS

IMPRIMERIE DE E. MARTINET

RUE MIGNON, 2

1863

POURQUOI

LES POLONAIS

SYMPATHISENT

AVEC LA FRANCE

C'est une question, que nous ne pouvons expliquer qu'en faisant des recherches historiques et surtout en remontant à l'origine des races humaines et aux conséquences qui en résultent.

La sympathie ne peut s'expliquer sans une base héréditaire, sans ressemblance de caractères, sans une communauté d'efforts tendant au développement de la civilisation, de la science, sans une communauté d'habitudes, de manières, de goûts, etc.

Cette ressemblance intellectuelle et morale, ces rapprochements incontestables dans les qualités externes et internes, peuvent se rencontrer seulement chez les races humaines de même origine.

Nous lisons dans Hérodote un entretien qu'il eut avec un archiprêtre Egyptien à Héliopolis, lequel lui raconta l'histoire d'un temple et de son existence en lui disant : « Ce temple consacré au Dieu du soleil était construit après un temple, qui a été fait primitivement au pied de la chaîne Libique, à distance de douze vallées d'une ville Adbo–Edfou par un peuple blanc, qui a habité auparavant l'ouest de l'Afrique et surtout les montagnes d'Abyssinie et sur la rive gauche du Fleuve–Bleu (1); c'est un peuple, qui a aimé la liberté, la science ; ils ont été fiers et n'ont pas voulu être gouvernés par un peuple étranger ; mais conquis par les Abyssiniens et poussés par l'instinct ils se sont retirés, se tenant près de la rive gauche du Nil, pour chercher un pays plus vaste et plus libre.

» Enfin ils se sont établis entre l'Adbo ou Edfou et l'Ebôt ou Girgeh, où ils ont construit une ville à laquelle ils ont donné le nom de leur chef et roi Al-Sahell ; ils y ont bâti un temple consacré au Dieu du soleil, sur lequel les Egyptiens ont

______

(1) Où se trouvent maintenant entre le treizième et le quatorzième degré des temples souterrains, d'une date très-ancienne aux environs d'Ouled-Médenq, à Aboukhara, et dans le pays de Taka dans l'île de Sennaar, formée par les deux Nils jusqu'au Fazogl.

pris modèle dans le temps d'Osirtasen Ier, premier roi égyptien de la xiie dynastie. Ils ont en effet construit à Héliopolis un temple pareil consacré au Dieu du soleil ; et en même temps ils ont élevé un obélisque à la mémoire de leur roi Osirtasen Ier avec une inscription historique hiéroglyphique (1). »

L'archiprêtre égyptien Menethon, dit plus loin

(1) D'après Hérodote, d'après le discours de l'archiprêtre égyptien Menéthon, nous appuyant sur l'historien Diodore, l'histoire de Ptolomée II, nommé Philadelphus, écrite 281 ans avant Jésus-Christ ; l'histoire de Neus Dionisius ou Auletes, 65 ans avant Jésus-Christ ; l'histoire de Wikinson en Angleterre, qui a écrit des recherches sur les races Celtiques ; l'histoire arabe d'Omar Ier ou Khattab, écrite 632 ans après Jésus-Christ ; enfin l'histoire hiéroglyphique de l'Obélisk existant actuellement dans les ruines d'Héliopolis où nous trouvons écrit le nom d'une ville Sahell ; et d'après nos recherches craniologiques, nous pouvons dire positivement que le peuple conduit par Al Sahell était un rameau des races araméennes ; et nous savons que les Araméens habitaient au nord-ouest de l'Afrique, qu'ils ont été conquis par les Abyssiniens, et que les Araméens en Abyssinie cultivaient avec succès les arts et les sciences à une époque ou les Égyptiens étaient plongés dans une profonde ignorance et où l'Europe n'était pas encore habitée. Le nom de la ville, *Sahell*, est une île près de l'île Philée, à droite, en passant la première cataracte qui porte le nom Sahell, où sur le rocher granitique se trouve l'inscription hiéroglyphique du peuple araméen conduit par Al-Sahell. Les noms se sont conservés jusqu'à nos jours parmi les Arabes. La ville Sahell fut détruite en partie par Cambise et en partie par Mahomet II. Aujourd'hui il n'y a que des ruines et quelques maisons de bédouins.

qu'il a vu deux hommes, arrivés de Libie à Héliopolis qui lui ont raconté que le peuple Araméen
était gouverné par la dynastie d'Al-Sahell, qu'ils
avaient vu en passant ce pays, et que les champs
étaient bien cultivés ; que la science, l'art, et surtout l'art de la sculpture y étaient en honneur, et
qu'il s'y parlait une langue, qu'on ne pouvait pas
comprendre, et que l'écriture était composée d'a-
nimaux, d'oiseaux et autres figures hiérogly-
phiques.

L'Archiprêtre ajoute encore qu'il sait de bonne
source, que la mère d'Osirci ou la grand'mère de
Remses II, Sésostris le Grand, était de la famille
d'Al-Sahell, et qu'elle portait le nom de Setha ou
Sethea.

Selon Diodore, Sésostris voulant gouverner des-
potiquement sur toute la terre d'Egypte conquit le
peuple Araméen ; mais voyant que chez ce peuple
la science et la civilisation étaient plus avancées que
chez les Egyptiens, il leur donna une liberté
complète ; et toujours selon Diodore, Sésostris, sous
l'influence des prêtres Egyptiens, fit un traité avec
les Araméens dans lequel il était stipulé qu'ils donne-
raient chaque année cent quarante hommes propres
aux armes et à la sculpture ; il choisit de plus
quelques-uns d'entre eux à qui il confia de hautes

positions dans le gouvernement en Egypte et en Libie, et s'en attacha auprès de lui en qualité de scribes royaux.

Diodore ajoute que le magnifique tombeau de Sésostris à Biban-el-Molouk et le temple à Abou-Simbel étaient faits par des sculpteurs de ce peuple. Aussi les Araméens, en cultivant la terre et les sciences commencèrent à s'agrandir et par leurs explorations sur le cours du Nil, ils s'étendirent jusqu'à Siout, ancienne capitale de la haute Egypte et Manfalout.

Mais 664 ans avant J. C., d'après Hérodote et Manetho, le roi Psametichus I⁰ étant en guerre continuelle avec les Perses, et sentant le besoin d'augmenter ses troupes, força les Araméens à envoyer dans l'île Éléphantine 240,000 hommes avec des chameaux et de l'argent pour protéger ce pays contre les Éthiopiens, qui voulaient conquérir l'Egypte, et il les tyrannisa tellement que, profitant de l'occasion de la guerre, ils firent sortir du pays presque tous les jeunes gens et les plus riches habitants du pays avec leurs femmes et leurs enfants, excepté quelques familles qui sont restées en Égypte et qui se sont perpétuées jusqu'à nos jours sous le nom de Coptos ou Koptes, et au lieu d'aller dans l'île Éléphantine ils traversèrent le Nil près d'Ombos ou Kom-Ombos, où Ptolomée Physcon a construit un temple. Après avoir traversé la chaîne Arabique, comme ils avaient eu des relations commerciales avec les habitants d'une ville, sur le lac Menzaleh, Fanis ou Fennis, ils se dirigèrent vers le bord occidental du lac Menzaleh, où une partie d'entre eux se fixa et ils y construisirent deux villes nommées San et Sahellée ou Salahéeh ; mais la plupart des Araméens entrèrent par l'isthme de Suez dans la Syrie et ils se fixèrent dans les environs de Damas. Après être demeurés 60 ans en Syrie ils arrivèrent par la petite Asie jusqu'au Caucase où ils s'établirent dans une vaste vallée complétement déserte. D'après Manetho et Diodore les Araméens restèrent dans le Caucase jusqu'en 462 avant J. C. ; mais ils y furent continuellement inquiétés par les troupes d'Artaxerces-Longimanus.

Le chef et le roi des Araméens eut quatre fils nommés Gallus, Lechus, Vitenes-Letavus et Kirkis. Sachant que du côté du nord de la montagne il y avait un pays productif, qui n'était pas habité, il ordonna à ses trois fils d'y fonder une nouvelle colonie et lui-même resta avec son quatrième fils et avec une partie du peuple dans les montagnes. Ensuite trois fils de la famille d'Al-

Sahell de la race des Araméens (1) quittèrent les montagnes du Caucase et ils se séparèrent en trois groupes, savoir : Gallus s'en alla jusque vers les Carpathes, où il fonda un royaume appelé Gallois, d'où est sorti le royaume des Galls plus tard royaume des Francs, Français, et royaume de France (2). Les peuples Gallois s'étaient toujours distingués par l'amour de la liberté et de la science, ils étaient expansifs, sociables et sympathiques au plus haut degré ; cette qualité caractéristique du peuple Araméen s'est conservé dans la nation Française jusqu'à nos temps.

Les Anglais et les Germains ont peut-être actuellement plus d'initiative que les Français pour la philosophie et les sciences naturelles ; mais les Français ont sur eux l'avantage de l'exposition et de la méthode. Les Français perfectionnent et il

---

(1) Il ne faut pas confondre le mot *Araméens* avec le mot Arméniens ou Haïkans d'origine persique, qui s'applique à un peuple habitant l'Arménie, qui a conservé sa langue persique jusqu'à nos jours et qui en général professe la religion grecque.

(2) Le mot France vient d'un ancien mot araméen, *franc*, qui signifiait libre, franc, juste, honnête.

Les historiens modernes prétendent que les Français tirent leur origine principale des Celtes ; il est vrai que l'on trouve des antiquités celtiques en Normandie et en Bretagne, mais ce sont les restes d'une petite peuplade mélangée d'une race cel-

arrive quelquefois que leurs perfectionnements deviennent des inventions par les changements heureux qu'ils apportent aux découvertes étrangères.

En général les Français, plus mobiles que les Anglais et les Germains, ne poursuivent pas la vérité avec la même persévérance, avec la même attention ; mais quand leur sagacité naturelle la leur fait découvrir, ils s'en emparent avec enthousiasme et la propagent rapidement en tout lieu par la forme nette et saisissante qu'ils savent lui donner.

Le second frère de Gallus, Lechus fonda sur les bords de la Vistule, Varta, un royaume nommé *Lehia*, qui s'étendit jusqu'à l'Est des Carpathes.

tique et de Teutons, qui a habité en Bretagne et surtout en Normandie.

Une partie de cette peuplade passa dans les îles Britanniques avec une peuplade de la race celtique nommée Highlanders, et ils s'établirent dans le nord de l'Écosse. L'autre partie de cette peuplade fut pendant près de quatre siècles sous la domination des Romains ; non-seulement elle se mélangea avec ces derniers, mais elle perdit entièrement l'usage des langues celtiques, et fut conquise ensuite à diverses reprises par des peuples Teutons. Tandis que les Basques et la nation purement française tirent positivement leur origine principale de la race araméenne.

On prétend que les anciens Celtes, mélangés avec les Araméens, Latins et Teutons, ont donné naissance aux Bas-Bretons, mais d'après des recherches craniologiques, il n'existe aucun rapport entre les peuples celtiques et les Bas-Bretons, qui ne sont que d'origine araméenne.

Plus tard vers le commencement du ve siècle de notre ère, un des successeurs de Lechus, *Slavny* (glorieux) changea le nom du royaume Lechia pour le nom de Slavonia (1) ou Slavia et lui-même, d'après les historiens Justinus et Guagnin, se nomma Rex Slavorum (2).

Au viie siècle un des successeurs de Slavny, portant le nom de Polanus substitua au nom de Slavonia celui de Polonia (la Pologne). Et comme dans ce temps les pays environnants de l'Est n'é-taient pas habités, il augmenta son territoire depuis la Vistule jusqu'au Borystène, qui porte aujourd'hui le nom de Dnieper.

Enfin le troisième frère de Gallus Vitenes-Le-tavus Ier fonda son royaume entre les rivières Dvina, Niemen et Vilia jusqu'au midi de la mer Baltique, et donna à son royaume le nom de Le-tuvia (Lithuanie).

Ce royaume, comme nous le savons d'après les historiens Strijkonski Justynus, Guagnin, Bielski

(1) Les mots *Slave* et *Slavonie*, avant le ve siècle, ne figuraient pas dans l'histoire.

(2) Dans le Musée britannique à Londres, à Berlin, et dans le Musée ancien de Vilna, transporté par l'empereur Nicolas, à Pétersbourg et à Kiew, on peut voir d'anciennes monnaies avec son nom et son effigie.

Salvandy, Wilson, L. Chocko et Lelevel, était assez puissant, dans le xiii° siècle et avant le temps des croisades le prince royal Olgierd, fils de Kieystut, conquit toute la terre de la mer Baltique jusqu'à la mer Noire, et la Crimée même appartint aux Lithuaniens.

Mais dans le xv° siècle, par suite de la sympathie héréditaire du peuple, le prince royal Jagiello épousa la reine de Pologne Jadrige et à partir de ce temps-là la Lithuanie catholique se réunit avec la Pologne catholique en conservant les principes, le caractère et les idées des races Araméennes (1).

Les Français, les Polonais et les Lithuaniens professent la religion catholique romaine. Quant à la langue, les Français sous l'influence des Celtes, Teutons et Latins ou Romains en restant plusieurs siècles sous leur domination ont changé le dialecte purement Araméen, en prenant la base Latine; plusieurs mots celtiques et teutoniques se trouvent cependant encore dans la langue française, de même que l'on peut trouver quelques mots araméens dans la langue française, surtout en Normandie, dans le midi de la France, dans les Pyrénées, chez

(1) Le mot Araméen est dérivé d'Aram, nom originaire de la Syrie.

les Basques, qui ont conservé la moitié de la langue
araméenne, mais mélangée en général avec la
la langue teutone.

Les Polonais, par l'influence des Huns au v⁰ siècle,
dans le temps d'Attila, des Goths, des Allemands et
surtout des Latins, ont changé l'origine de la langue
araméenne en prenant pour base de leur langue les
langues latine, gothique et vandale. La langue des
Tchekhes ou bohémiens ressemble presque entièrement à la langue polonaise, et il y a beaucoup
d'historiens, qui prétendent que les Tchekhes sont
de la même origine que les Polonais en disant que
le frère de Lechus nommé Tchekhe (Czech) a
fondé le royaume Tchekhe (Czechy). La langue
en Bohême, aujourd'hui, ressemble beaucoup à la
langue polonaise, mais la race du peuple a été mélangée avec les Hanakes, qui est une petite peuplade en Moravie.

Les Lithuaniens (1) s'étant trouvés plus éloignés
au nord et presque séparés par de grandes forêts,
ont conservé intact jusqu'à nos jours le dialecte de
la langue araméenne excepté quelques mots latins,

____

(1) Les Lithuaniens et Samogithiens font un même peuple
de la même race, sans aucune différence; ils parlent la
même langue, professent la même religion catholique et ont le
même caractère, les mêmes idées.

qu'on peut y retrouver. Mais on n'y trouve ni mots français, ni polonais et heureusement pas un seul mot moscovite.

Les Lithuaniens avaient déjà une littérature assez avancée dans le ix⁰ siècle ; et d'après l'histoire de Lithuanie, par MM. Narbutt et Adam Zagiell les Lithuaniens ont même eu une littérature dans les vi⁰ et vii⁰ siècles (1).

Leur langue se parle dans les gouvernements de Kouno, Vilna, Grodno ; dans la moitié du gouvernement de Vitebsk, Minsk et Augoustovo, ainsi que dans le nord de la Prusse autour de Grünwald et Malborg.

Par ce qui précède on peut comprendre d'où viennent les sympathies des Polonais et des Lithuaniens pour les Français, et, d'où est née la ressemblance de leurs caractères, de leurs idées libérales et leur amour commun pour la vérité et pour la science ; et pour confirmer en outre cette ressemblance morale, nous voyons encore d'après nos recherches anatomo-craniologiques que l'angle

(1) Dans la langue de Koptes, en Égypte, on peut trouver encore une trentaine de mots pareils à ceux des Lithuaniens, mais par l'influence des Perses, des Arabes et des différents peuples qui ont habité l'Égypte, la langue des Koptes a beaucoup changé son origine araméenne.

facial, la région temporale du crâne, les os frontal et occipital, les ouvertures orbitaires, l'angle du canal auditif, etc. sont absolument les mêmes chez les Français, les Polonais et les Lithuaniens.

Peut-être rencontrerons-nous dans nos recherches historiques un critique partial, mais nous pouvons soutenir qu'il est presque impossible de trouver dans nos recherches naturelles, un démenti à ce que nous avançons ; nous ne pourrions changer les droits de la nature. Prenons en effet le crâne d'une momie en Egypte, à Siout (Gournah) en Nubie, à Abou-Simbel, à Senneh et en Syrie, momie existant depuis 1219 avant J. C. appartenant à la race Araméenne ; prenons un crâne de Kopte existant encore en Egypte et en Nubie, un crâne d'une partie des habitants de San et Sallahéch près du lac Menzaleh, et comparons-les avec un crâne de Français, Polonais ou Lithuanien nous ne trouvons aucune différence, mais au contraire nous voyons la ressemblance la plus frappante.

Mais si nous les comparons avec un crâne Moscovite qui est de race Chino-Mongolienne mélangée avec la race Tatare ou Tartare (1), avec un crâne d'Ecos-

(1) Les historiens anciens, Justynus, Guagnin, Chafagique, Nestor et autres historiens moscovites, prétendent que les peuples Moscovites sont d'origine Mongolienne. Au VIe siècle,

sais, qui est d'origine Celtique, avec les Allemands,
qui sont de la race des Huns ; avec les Scandinaves,

arriva de la Chine une petite peuplade par les steppes de
Kirghiz, entre la mer Caspienne et le Caucase ; cette peuplade
habita la rive gauche de la rivière Volga, ne vivant que de pil-
lage et de pêche. Au VIIIe siècle, cette peuplade s'était étendue sur les bords du Volga, conservant toujours le caractère et
les mœurs des Bédouins ; enfin au XIe siècle, ce peuple fut
conquis par les Tartares ou Tatares de la Crimée. Leur chef,
le fameux Schinghiz-Khan et deux autres, Mamag et Bathgi,
conquérirent tout l'est ; de telle sorte que le pays s'étendant le
long du Volga, de l'Oka, du Kama et de l'Oural et jusqu'à la
chaîne de l'Oural, fut envahi par les Tatares, où ils fondèrent
beaucoup de villes, villages et la ville de Kazan. Ils divisèrent
les provinces en trois parties : une partie où s'était fixé le grand
khan était en Tauride ou Crimée ; la seconde s'appelait Tatarie
de Kazan, avec la capitale Kazan, et la troisième Tatarie d'Oural,
avec la capitale Tobolsk et Tomsk en Sibérie. Ainsi, plusieurs
peuplades moscovites avec leurs habitations n'ont été que des
provinces Tatares jusqu'au XIVe siècle, comme l'Égypte au
temps des Romains.

Un des chefs de ces peuplades Moscovites, nommé Ivan III,
prétendant de la race Varègue et de la famille Rurik, conquit
avec le secours de ses voisins Polonais les Tatares dans l'année 1362, fonda l'Empire et prit le titre de Czar Ivan III.

D'après les historiens et les auteurs moscovites, Daniïl-Rylo,
Karamzin, Ustraloff, Lomonosoff, Pouchkin, la race moscovite
tirerait son origine de divers peuples : des Varègues, des Rousses,
peuple qui n'existait pas dans l'histoire ; des Mongoliens, des
Chino-Mongoliens et des Indo-Chinois, et d'après des auteurs
modernes, des Slaves ; mais l'historien Kaydanoff prouve que le
peuple moscovite est d'origine Mongolienne ou Chino-Mongolienne et il a publié dans ce sens, en 1832, un ouvrage com-

aujourd'hui Suédois, avec les Norvégiens, Danois
et Finlandais, qui sont de la race Gothique et Va-

maudé par le gouvernement pour les écoles moscovites. Mais
l'empereur Nicolas Ier reprenant les projets qu'avaient eus ses
prédécesseurs, depuis Pierre le Grand, de conquérir Constan-
tinople et toutes les provinces aujourd'hui nommées Slaves qui
appartiennent à l'Autriche, à la Prusse et à la Turquie, et de
devenir empereur des Slaves, donna l'ordre par un oukaz du
23 septembre 1632 au ministère de l'assistance publique, de
détruire tous les ouvrages d'histoire, et surtout le premier
volume d'histoire de Kaydanoff, et de donner le nom de Slave
au peuple moscovite, puis la police se mit à fouiller dans
tout l'empire le premier volume de Kaydanoff.

Dans les recherches historiques sur la race mongolienne,
nous trouvons qu'elle a pris naissance vers les monts Altaï,
d'où elle s'est étendue jusqu'à l'Océan oriental. Cette race a
fondé deux grands empires : l'empire chinois et l'empire japo-
nais ; une partie de cette race, déjà chino-mongolique, est la
véritable origine de la race moscovite.

On reconnaît aisément cette race par le caractère suivant :
la forme générale du crâne est presque cylindrique, son dia-
mètre antéro-postérieur plus prononcé, l'os frontal est large,
mais bas, l'angle facial n'est guère que de soixante-quinze
degrés, l'os zygomatique aplati, l'espace inter-sourcilier très-
large ; direction oblique de l'ouverture orbitaire et des pau-
pières par suite de la dépression des os du nez et du développement de l'os malaire, qui porte les téguments palpébraux en
haut et en dehors ; le canal auditif et par conséquent les oreilles
plus grandes et déjetées en avant ; le nez épaté, les narines
ouvertes, le tronc carré, les membres gros et courts, etc.

Voilà en général la structure anatomo-craniologique de la
race moscovite, qui est la même que celle de la race chino-
mongolique. Et si nous ajoutons que le caractère des Mosco-

règne, avec les Hispaniens, qui sont de la race des Teutons et des Celtes; avec les Italiens, qui descendent du peuple Latin et sont comme un mélange de toutes les races. Enfin, en les comparant avec toutes les races humaines, sous le rapport moral et sous le rapport anatomo-craniologique, nous trouvons une énorme différence, tandis qu'entre les Français, les Polonais et les Lithuaniens il existe une ressemblance frappante.

Les provinces polonaises la Volinie, la Podolie et l'Ukraine, n'étaient primitivement que des champs vastes, couverts pour la plupart d'immenses steppes et de forêts et n'avaient jamais été habitées; elles ont appartenu depuis au royaume de Pologne jusqu'au Boristène ou Dnieper; de telle sorte que ces provinces ont commencé a être colonisées par les Polonais au temps du roi Boleslas Chrobry et au temps de Jean Sobieski par les Lithuaniens.

vites, leurs idées despotiques, leur aversion pour la science, dont le développement est incompatible avec le despotisme, sont positivement les mêmes que chez les Chinois, si nous disons que les droits et la bureaucratie moscovite sont les mêmes que chez les Chinois; que les généraux gouverneurs ont sur les provinces polonaises le même pouvoir que les mandarins chinois, nous ne pouvons aucunement douter de l'origine du peuple moscovite, et nous pouvons affirmer qu'il n'y a aucune ressemblance entre le peuple moscovite et le peuple polonais et lithuanien.

Au temps de Jean Sobieski il n'y avait dans ces provinces que quatre grands propriétaires : le prince Sanguszko, le prince Lubomirski, le comte Potocki et le comte Tyszkiewiez.

La langue de ces provinces rassemble à la langue polonaise, mais par le voisinage des Ptits Russiens, les habitants de l'autre côté du Dnieper, elle s'est mélangée avec la langue de ces derniers.

La religion était en général catholique romaine; mais en 1839 l'empereur Nicolas chercha à la renverser par tous les moyens ; il employa le martyre, le knout et l'exil où il envoya plus de 60 prêtres catholiques, qui lui résistaient, et plusieurs d'entre eux sont encore à Nerezynsk et dans d'autres endroits de la Sibérie; aussi l'empereur Nicolas força cinq millions de paysans polonais à embrasser une religion schismatique. A cette époque l'archevêque de Vilna, Klungiewiez, avait envoyé une pétition au pape Grégoire XVI à Rome, en lui demandant du secours !

Mais depuis les temps les plus anciens jusqu'à nos jours, malgré toutes les intrigues et toutes les violations qui ont été en 1848 l'œuvre de l'empereur Nicolas dans ces provinces, il n'y eut dans la Lithuanie catholique, et dans ces trois provinces aucun habitant moscovite, ni parmi les paysans, ni parmi les propriétaires ; excepté pourtant quelques-uns à qui l'empereur Nicolas a donné les biens confisqués aux Polonais en 1831.

Les paysans de ces provinces ne comprennent pas même la langue moscovite.

Jusqu'au premier partage ces provinces n'avaient jamais été sous la domination des Moscovites et leur aversion pour eux s'est conservée jusqu'à nos jours.

Tout ce que je viens d'écrire dans cet opuscule est l'exacte vérité, et je crois que chaque lecteur impartial peut aller vérifier dans le pays même ce que j'avance, et alors j'espère que personne n'ajoutera foi au mensonge qui a été publié sous forme de lettre le 22 mai 1863 dans le *Nord* par un Russe qui se nomme Sulima ; sa lettre contient tellement d'erreurs que je crois que **M.** Sulima n'a jamais été dans ces provinces, dont il parle si longuement.

Dans les gouvernements de Mohilen et de Vitebsk, tous les propriétaires sont polonais ; les paysans se composent de trois classes, Lithuaniens, Lotiches et Ruténiens. La religion est protestante et catholique, mais plusieurs catholiques ont été aussi forcés par l'empereur Nicolas d'embrasser la religion grecque.

La langue de ces gouvernements est la langue lithuaniene, polonaise, lotiche (qui ressemble à la langue lithuanienne) et ruténienne (qui ressemble à la langue polonaise). Ces provinces étaient colonisées au temps du roi de Pologne Casimir Jagiellonczyk par les Lithuaniens.

Que gagne la France par le rétablissement de la Pologne dans ses anciennes limites d'avant le premier partage de 1772 ?

Moralement, par le rétablissement de la Pologne. La France qui a la même origine, qui sent le même sang couler dans ses veines, ne doit-elle pas sentir son cœur animé des mêmes inspirations ?

La France qui veille à la liberté des autres peuples, qui depuis les temps les plus éloignés, depuis les croisades a porté la civilisation jusqu'aux contrées les plus reculées. La France qui parcourt le monde pour porter secours aux peuples opprimés ; cette noble France, notre sœur d'origine, n'entendrait-elle plus les gémissements de la malheureuse Pologne courbée sous le joug le plus despotique ; ne viendrait-elle pas la défendre, la soutenir, la délivrer ?

Et d'abord, par le rétablissement de la Pologne, la France propagera en Europe les idées de liberté et augmentera ses forces par l'alliance d'un peuple de 23 millions d'habitants, qui lui en aura une éternelle reconnaissance.

Matériellement, par le rétablissement de la Pologne et son alliance avec elle, la France ne sentira pas d'une manière aussi sensible les effets de la guerre d'Amérique sous le rapport commercial et financier.

Que gagne l'Europe, par le rétablissement de la Pologne ?

La paix durable et la liberté indépendante d'un peuple noble et civilisé.

Tant que ce malheureux peuple sera opprimé, la paix devient impossible en Europe ; toujours la Pologne voudra l'indépendance et aspirera à secouer ses chaînes ; toujours elle implorera le peuple libre et puissant, la France surtout, au nom de sa liberté, de son culte et de ses institutions.

Quel doit donc être l'état de la Pologne pour que la paix soit établie en Europe ?

La Pologne doit être rétablie dans ses limites anciennes.

La Pologne doit être un empire constitutionnel, organisé comme l'Empire Français, et doit adopter le Code Napoléon.